JN439838

Lee Kye-Yeol

시인 이계열

그 자리에 놓아두자

이계열 시집

그 자리에 놓아두자

시학
Poetics

■ 시인의 말

일러 준 사람은 먼저 가고
중턱에서 오래 땀을 식혔네
군말에 이른 삶이 산그늘
홀로 두고 저물어 가네
첫차를 타고 오는 손님으로 아니
막차를 타고 가는 손님으로
그래, 거기 언제나
빛날 것이다

2015년 2월 초록봉
이계열 손모음

차 례

제2부

제3부

제4부

제5부

제1부

금강金剛

한밤 잠 못 들고 회오리바람 소리 듣는다
소리가 어디에서 왔는지 깨인 사람아
한밤내 잠들지 않고 벽을 후려치는 공중제비바람 소리 듣는다
숨이 어디에서 왔는지 활연한 사람아

하늘이 말 없더니 무심한 사람아

봄비 1

비가 와서
참 비가 와서

굴산사 비로자나불
두 손이 젖었습니다

비가 와서
참 비가 와서

어머니 마리아
두 손도 젖었습니다

봄비 2

개나리꽃 지자
목련꽃 지자
벚꽃 지자
강둑의 풀들이 향기롭구나

제 똥을 밟고 늘어진 개도
앞발이 젖는구나

후드득 빗방울
햇살

흰 구름 층층이 내려와
불은 강물에
발목을 적시며 날아오르는
새 한 마리

빈 눈매에
그리움 지자
봄비

화창

강물은 흘러 흘러갑니다

하늘이 온통 제 얼굴이고 심장이란 걸

뒤채던 물살이 구름이고 바람이란 걸

구르는 조약돌이 종다리 버들개지 화창이란 걸

일몰

저문 강변에 수그린 저 나무와 같이

총총히 물 위를 가로지르는 저 새와 같이

둑방 눈밭에 발목 빠뜨리며 걷는 저 나그네와 같이

안목바다와 하구와 이 마을을 지나 영영 그 바다에 닿는 눈길이여

바다로 가는 염소

염소 가족 네 마리가 바다로 갑니다

둑방은 단비로 촉촉이 젖었습니다

가다가 언덕배기에 코를 박고

가다가 허공에 머리를 박고

마른 나뭇가지가 하구의 물을 받는 사이
그들은 흩어졌다 모였다 멀리 떨어지기도 하며

바다로 가기도 바다를 거스르기도 합니다

팽팽한 수평선에 뿔을 걸지 않아도

해거름 어슬렁거리는 발굽은 한가롭고 조용합니다

밤의 노래 1

우리의 춤사위가
봄 하늘 햇살일지라도

아롱지는 눈물을 어찌할거나

우리의 발장단이
여름 바다 너울일지라도

하롱이는 눈물을 어찌할거나

산 자들이여 서럽게 서럽게 무엇이 내려앉았는가

우리의 얼굴이 똑같아서 크나큰 연민이 번졌는가

뒤태를 보지 못하는 날들처럼 사라지는 산 자들이여

고요를 적셔 그대를 탄주하리

밤의 노래 2

우리는 안다

바람의 키를 잴 수 없고

꽃의 행방을 알 수 없다는 것을

그러나 귀밑 바람의 간지럼이나

코끝 꽃의 향기가 스밀 때

당신이 스쳐 지나가셨다는 것을

우리는 안다

당신의 고요에 물결 질 때

당신도 나도 바람이고 꽃이라는 것을

밤의 노래 3

밤의 강물 위로
고요가 내려앉았습니다

두 손과 두 발을 맞대고 지켜보는
긴 긴 밤입니다

적요한 불빛을 따라
꽃 한 송이를 들어 봅니다

당신이라는 꽃도
당신이 아니라는 꽃도 없이

강물에 어리는 잔물결 일렁이는
고요한 하현 밤입니다

비 내리는 호두마을

바람이 불면
먼 산에서 소리가 몰려왔다

장대비 쏟아지는 소리
천둥 번개 치는 소리

작은 연못에 뜬 연잎도 물고기도
일렁이며
그 소리 다 받을 것이다

만복골 세찬 물소리에
아랫마을 정자에 든 노인의 귀도 젖을 것이다

번쩍이는 하늘빛이
꽈앙 내달리면
불볕더위와 매미 울음은 식고

걷거나 앉는 하루가
종일 말 없다

사람 1

10월의 남자라 불리운 사람이 있었다
귀밑머리는 하얗고
미소는 매우 고왔다

조용히, 좇지 않는 손과 발

정말 착한 사람이어서
다시는 보지 않으리라

사람 2

떠나간 사람에게
슬픔을 남기지 말자

남겨진 사람에게
슬픔이 번지지 않게 하자

손은 비고
발은 덜어

누구도 울먹이는 서녘 놀 물들지 말자

아주 잠깐 지나갔노라고
느긋이 읊조리자

그런 밤 슬픔이 오거든
사람아
아주 잠깐 지나가노라고
어둠에게 속삭이자

무미無味

이 세상 사람이 아니라고 했다
살아서 들었던 이 말이
당신과 헤어진 뒤 다시 들린다
별천지 세상이 아니고 그 세상에 연민이 많은 나는
낯선 곳에 잠시 여행을 왔으리
단출한 여장을 풀고 광막한 바람을 쐬기도 했으나
누가 왔을까
지금은 추석 전야, 오고 가는 나그네가 보이지 않는데
하늘에 달은 뜨고 바다는 쪽빛이다

바닥

— 거지 성자

집 안에 금은보화를 많이 숨겨 놓고 있구먼

시월의 해풍은 차고 숨은 별자리

빈집의 노래를 부르는 이 누굴까

한낮에 쏟아내던 빛이 어느 별에서 왔을까

느리게 걸어와 손목에 오랜 얼굴을 비춰 본다

실핏줄 솟은 숨결에서 고요한 집의 광휘를 들여다본다

입동

떨어지는 것들의 말간 눈동자를
나는 쓰네

산수유 열매라든가
야생 사과라든가

쪼그라들거나
썩어 가거나

열매를 줍는 손이
조금은 설워

삼왕 고개 산수유나무와
무쇠골 종점 야생 사과나무 앞에 서 보네

절로 떨어지는 것들의 평온을 위해
나는 또 쓰네

제2부

꿈 1

아무도 모르리

바다 물결이 이토록 찬란한지를

몽돌의 부신 환희를

물빛 너울의 신비를

당신이 아니라면
꽃잎 장지에 어린 창연이 비출 곳을

아무도 모르리

꿈 2

봄엔 꽃나무에게로 가자

여름엔 푸른 강물을 따르자

가을엔 단풍 든 영을 넘자

겨울엔 눈밭을 돌아 나오자

거기, 청량한 낮빛을 보자

별

조용한 행복을 읽는 낮에
너를 생각한다
너의 하모니카는 길고 처연하겠으나
여음은 담담하리라
나는
귀를 열어 이 소리 들이고도 남는
후렴을 강물에 풀어 바다에 흘려버리겠다
우리가 가진 것이 많아 바닥이었을 때
은근한 기쁨이 너라는 걸 일러 주는 소리가 있어
여문 입술을 닫고 고운 숨을 쉬네
돌아오지 않는 날의 끝에서
나는 무엇도 아니게 사르어지는
허공 샐비어 향기도 남지 않는
적빈의 생애가 사라졌으니
어제 오늘 내일도 하모니카 소리는
뜬 별이리

그 아이

그 아이를 만나고부터
나는
나를 말할 수 없다

빈 배가
강물을 거슬러 오르며
쉼 없는 찰나이듯이

나를 말할 수 없는
나는
그 아이를 만나고부터

저무는 강변과
나는 새떼와
석양에 비낀 망초꽃밭과
걷는 나그네

그 아이를 만나고부터

나는

나를 말할 수 없다

빈 배

당신이 오시면
나는
언제나 빈 배를 띄웁니다

당신이 떠내려갑니다
나도 떠내려갑니다
물살에 몸을 맡긴 풀잎처럼 향기롭습니다

천년을 두고
누군가
풀잎 빈 배를 건지신다면

당신이오리까
나오리까

바람 한 점 볼에 어린
조촐한 당신

저만치 외로움이

저만치 외로움이 있어서
나는 비에 젖은 꽃잎을 봅니다
뜨거운 태양에 돋은 가시장미가
이 심장을 닮은 것 같아 온밤내 아픕니다
가시가 절로 사라질 때까지
흘리는 피의 신전을 지켜봅니다
단순하고 소박한 마루는 삐걱거리고
청빈한 문은 덜컹거리고
당신을 비춘 촛불은 일렁입니다
누군가 이 신전에 돌을 던진 후
청한한 가난을 받들던 이의 울음소리가 들립니다
세상의 문을 정직하게 열고자 많은 걸 버렸던 이
그러나 이제는 딱한 사람으로 남은 이
밤새 울음에 오랜 서까래를 묻고
청산 백운 신전을 빈터에서 봅니다

구름의 집

구름의 집을 이젠 보지 못하겠네

놀을 품은 구름의 집과 구름의 집을 품은 강물을

구름이 흩어져 돌아오지 않듯이
강물이 헤살져 거스르지 않듯이

나도 네게 돌아서지 않으리

구름의 집을 부수고, 품은 하늘의 집이
너를 지우고 살아나는 나처럼

떠나간 구름의 집을 다시 보지 못하겠네

당신에게 바칠 말이 있다면

당신에게 바칠 말이 있다면

나지막이 심장에 귀 기울여야 하리

보슬비를 온몸으로 맞고 서서

당신의 주름진 얼굴과 손등에 저민 물무늬를

파문 없이 보지 못하네

당신에게 바칠 말이 있다면

속절없이 세상을 버리는 꽃 한 송이

낮디낮게 심장으로 노래해야 하리

미안

당신 아프시고
보지 못한 것이 많아,

깊은 밤
울음을 달래지 못하네

침묵에게
속삭이네

쉬어
흘러간 몸이

산정 호수에 비칠지라도
손 담그지 않으리

눈 1

눈이 녹으면 더럽혀져
싫다고 한 당신이
어쩌자고, 펄 펄 눈으로 나렸는가

쌓인 눈에 얼굴을 묻고
봐라

차고 시린 것들은
지상의 집을 덮고
녹는다

흐르는 물이 밟힌 눈이라도

슬픈 얼굴을 씻던 눈물 자국이었음을
봐라

눈 2

무순 같은 날들이었을 것이다

당신이 왔다가 가는 한참 동안
눈보라는 얼마나 몰아쳤으랴

가래 미는 소리에 발목 시린 줄 모르고,
당신의 발자국 평안하리라

무청에 쌓인 눈이 다복다복 깊어지는 밤

휘어진 가지도 잎새도 눈에 스미어
마른기침을 받아내고 있는 것이다

물방울

소리 없이 흔들리는
사철나무에
손을 얹고 싶다

초겨울 비는 내려서

졸던 책을 덮고
바라보는 세상

흔들리며 떨어내는 물방울마다
새 울음소리를 가졌어라

동지

찬 가지에
한 잎

그림자에
걸린 달빛

말없이

이승의 편지를
부치지 말자

한계령 1

여름밤 그 별을 어찌 잊으리
발간 볼 동무의 어깨와 깊은 숨결을

산짐승이 기척을 내며 달아나고
서글프게 영을 넘던

여름밤 그 별은 이미 보았으리
외로운 순례의 노래가 끝나지 않았음을

지척도 천리도 가만히 두고
바라보는 여름밤

언제나 하늘엔 동무여
아무도 부르지 않은 노래여

한계령 2

해념이 구름이 하늘에 떠 있듯이

휘몰아치는 눈보라가 바람에 실렸듯이

사랑이여 이별이기 전에
그 자리에 놓아두자
이별이여 사랑이기 전에
그 자리에 놓아두자

제3부

호두마을

눈 내리는 새벽

한낮 녹은 눈을 밟고

호두나무 갈잎이 산바람에 떼 지어 몰려오는

생때같은 죽음이 저리도 환한데

만복골 물살을 녹이며 차 오는 햇살이여

오종종 흘러간 목숨이 바람만 하였느냐

한적

바람을 따라 들어갔으나
말을 끊고 돌아섰으나
한적이 산 아랫마을 등불에 비치네
두고 온 병든 아버지의 눈망울과 시거운 어머니의 눈빛
새벽에 눈이 내려서 길을 지우고
거기에 발자국을 찍으며 내려서느니
딱따구리가 쪼는 나무처럼 소리를 삼킨 빈 둥지로
둥근 고요여, 집 앞 회향나무에 마중 나온 발자국이여

동그라미

너를 안 지 얼마였나
빗방울 떨어져 잎새는 흔들리네
물방울 소리가 건너온 게 어느 때인가
봄 하늘 새를 날리며 저무네
가도 가도 와도 와도
물수제비로 사라지는 얼굴이네

새야 새야

저물녘 지저귀는 새소리는
잎새에 달을 물고 올까

봄비 차운 가지에 앉은 새소리는
남창 적막을 피어 올릴까

귀가

아픈 몸 끌고
잘 왔다
당신도 아픈 몸 끌고
참 잘 왔다

새 울자
천둥 치는 저녁

도는
눈물

노을이 지면

당신의 등을 꼭 안고 본다
죽음을 경전처럼 펼치면
당신은 풀잎
말없이
당신의 등을 두 팔로 감고 본다
깊은 산 풍경風磬처럼 울리면
당신은 이슬
모로 누운 당신의 등을 얼굴에 묻고 본다
떠돈 길 재처럼 스러지면
당신은 그림자

저 꽃

깊은 산중의 꽃향기가 바람을 거스르랴

피어난 꽃
지는 꽃

보아 주지 않아도 꽃의 향기가 바람에 묻히리야

상강
— 보현사 중양절 범패

태평소 바라춤에 바람이 차라
북 목탁 요령 소리에 감은 눈이 밝아라
단풍 물들고 머리카락이 귓불을 스쳐라
한 발자국도 떼지 않은 너와 절필의 내가
이만하면 미소 짓는 마당
청명한 하루에 산빛은 층층 붉고 푸러라

산에 산에

대청에 앉아 바람을 쐬네
계곡은 아래로 흐르는데
떠돈 세상이 떠밀려가네

섬돌에 앉아 햇볕을 쬐네
단풍은 서리에 지는데
떠나온 세상이 떨어지네

산정에서 몰려온 바람이
등을 치고
따라온 햇살이
무릎에 얹히네

허공에 드리운 손이
벗어 둔 신발과 같이
고요하네

사근진

나 울어서
여기까지 왔다

사근진 바닷가
텅 빈 백사장

밀려오는 파도
씻기는 바위섬

아무도 일러 준 이 없어도
여기까지 나
울어서 왔다

바람을 맞는
낡은 집

인적 끊긴 언덕
하늘을 지우는 수평선

선운사

동백꽃 진 선운사에
새벽이 와서
동백 숲 잎새에 드네

햇스님 싸리비 소리
고운 비질 자국

산 중턱 선승이 내려와
발자국을 남기며 돌아가는데

동백 가지에 새소리
날아오르네

스승

깜깜한 숲에선
바닥의 깊이를 잴 수 없다
먼 한 점 불빛만이
허방의 다리를 세워 길을 연다

울울한 숲에선
가도 가도 잃는 길이다
아득한 호명만이
맥 놓은 가슴을 쓸고 길을 낸다

스승을 찾아가던 길에
하루가 저물고
스무 해가 저물고

운무 가득한
비 내리는 산의 향기가
옷깃에 젖었다

맨발

찬 바닥에 앉아
산정을 보네

하늘에 얼굴을 묻고
참 고요하기도 하지

새가 날아도
어둠이 와도

맨발을 내어놓고
흘러가네

오늘밤

가난한 당신과
가득한 그대가
다 한몸이네

그만한 깊이로
출렁이니
물새도 층층이 나네

하늘을 쪼는 입질이
다복하여
눈이 나리겠네

제4부

안부

네가 우니
나는 말이 없다

슬픔이 슬픔을 달래겠는가

이제야 떠돌이별인 줄 알았구나

소란스럽지만 정작 먼지 같은 고요라는 것도 알겠구나

저 산이

저 산이 그리운 날엔
검지와 장지를 입술에 대고 본다
눈 덮인 겹겹의 산이 가슴을 훑고 가는
울음의 끝까지 본다
거기서 걸어 나왔거나 거기로 걸어 들어가는 그림자가
세월에 바래지 않은 영채로 빛난다
놀과 흰 구름 띠를 두른 하늘 산에 가 닿으면
왔던 길도 돌아갈 길도 모두 침묵이었음을
꽃 한 송이의 신비에 앓던 순간도 씻기던 순간도
저 산이 품어 터뜨렸으리
저 산이 깨끗한 얼굴을 드리운 날엔
다섯 손가락을 입술에 대고 해넘이를 본다

대기리

운무 낀 골짜기를 넘으니
곧장 가라 하네

첩첩 산중을 두고
수많은 돌은 구르고 굴러
바다에 이르렀으리

가도 가도
비는 나리고

외진 처마에서 피어오르는 연기

끝까지 가라 하네

유리알

적막 속에 살다가
그분 곁으로 갔다

아이가 다 자라 다시 아이가 되기까지
연둣빛 잎이 다 커 단풍이 들기까지

잘 자란 나무가 그러하듯
온전한 당신이 그러하듯

유리알에 비친 만상이
봄 여름 가을 겨울로
적조했다

산 그림자

둥근 산이
어둠에 젖는 때에

아늑하구나

울음이 몰려와 걷던 한 발자국과
사라져 은근한 기쁨으로 걷던 한 발자국의
침묵의 소리

둥근 산이
풍경을 비우는 때에

아득하구나

숨결 1

그만한 숨결이 너였으면 해

한 방울 눈물이 다인 깨끗한 연민이었으면 해

이적쯤 그만그만한 노래로 무등에 올라

네야 내야 아주 끝없는 산울림

하늘이야 구름이야 좋이 흐르는 그만한 숨결이 꼬옥 너였으면 해

숨결 2

나는 아무 일도 없는 듯이 살았네
나뭇잎새도 그리 흔들렸네
당신의 따뜻한 말이 차올라
삶의 결을 더듬어 보네
빗물 항아리 부시는 늙은 손이
오갈 데 없어 허리를 꺾고 늘어붙은 밤
쿨럭이는 기침도 들어주는 이 없는 허허로운 밤
야무나 강변의 당신이 어루던 것이
숨결이었음을 아네
문을 열고 닫을 때 햇살만이 아니라
비와 구름 놀의 풍경이 함께였음을
쪽문을 밀고 오는 허기진 손도 함께였음을

사랑

내가 당신을 지나가고
당신이 나를 지나가고

봄이 여름을 지나가고
여름이 가을을 지나가고

꽝꽝 언 얼음 속에
맑은 개울물 소리

한 길

목련꽃 지면 꽃을 바치리라

사내가 노래를 부르며 지나갑니다

목련꽃 다 지면 바칠 노래가 없으리라

사내가 그림자를 접으며 나아갑니다

목련꽃 피었다 지면 영영 보지 못하리라

꽃을 든 여자가 한 길로 곧장 갑니다

물수제비

물수제비뜨는 날엔
당신이 보이구요

멀리멀리 물수제비뜨는 날엔
갈앉는 당신이 보이구요

파문은 울음 같아서
산도 구름도 하늘도 공중제비를 하지요

물가에 찰랑이는 하얀 몽돌의 눈부심이
헛꽃을 밀어 밀어내지요

물수제비뜨는 날엔
물의 발자국이 보이구요

당신

해질녘 지저귀는 새들이 아카시아
꽃잎을 날리지
복숭아 붉은 열매가 매운
눈물로 바람에 걸려 있지
천변 물살은 영을 향해 세차게
물무늬 키를 높이지
발을 보태는 당신도 물푸레나무와 같이
서늘하지 선선한 햇살을 늘어뜨린 큰
잎사귀처럼 착한 손이지
황망히 날아간 모자를 집어 푹 눌러쓴
당신은 사라진 그림자를 보지
엽신이 당도하기 전에
물고 온 새 소리와 과육을 내버려 두고
고요로이 허공이지 당신

정원

사흘 아프고
비가 내렸다

네 서늘한 이마도
아프게 젖어서 왔느냐

노란 나리꽃이 흔들리고,
향기로운 게
저를 피워 올린 고통과 전별한 것이냐

비 그치고
청명한 새 소리가 울렸다

빈자

나뭇잎 접시를 본 적이 있다

때묻은 손이
공손히 받들어

나는
이 하루가
염념불망일 것을 안다

빈손 맨발에 뜬
새벽별

빈자는 알리라

나뭇잎 광채가 얼마나 찬연한지를
깨끗한 목숨인지를

제5부

얼굴

당신이 보낸 엽서는
첩첩 눈과 귀가 열리는 얼굴이네
자색 얼굴을 펼치면
중중 세상 소리를 보라는 소식만이 적혀 있네
크나큰 얼굴을 다 젖힌 백지에
무량한 얼굴을 보이시니,

비 오는 밤 일곱 살 아버지를 누이고
북쪽 바다로 향한 어머니를 떠올리네

저 바다

내가 서 있는 바다는
바람이 불지 않았다
오래전에 떠나온 집 바다가 보이면,
쓰나미로 휩쓸려간 언덕 위의 집
하코다테 항구를 생각는다
밤 언덕 맑게 사무치는 저 바다에 어리어
한 생 예서 살고 싶었다
지금 내가 서 있는 바다는
너무도 멀리 당신을 떠나와
바람이 불지 않았다

절벽

파도가 치면
절벽은 밀어낸다

거친 파도가 몰아치면
절벽은 더 멀리 밀어낸다

한쪽으로만 치닫는 물살의
뺨을 후려치며

텅 빈 바다의 눈을 하고서

맞짱 뜨지 않아도
절벽은
파도가 밀고 오는 해를
언제나 비춘다

흰 그늘

한밤
풀벌레 소리

병든 자
몸을 뉘어

영산홍
잎 진 그늘

쓸고 가는
바람

가을밤

나부죽이 절을 하는 밤

그러마고 당신도 산죽을 일깨우는 밤

댓잎 스치는 소리에 달빛 깨어나는 밤

나무 1

당신이 주신
고귀한 말씀은

한 그루 나무

시인의 창에
그늘을 드리우고

수직의 그림자가
수평의 그림자와 같은

평지를 밟네

나무 2

외로움을 채워 주시니
나는 먼 길을 가겠습니다
빛과 물로 스미어
어둠을 두려움 없이 받습니다

외로움을 에이게 하시니
나는 빈집에 들겠습니다
흙과 바람으로 흘러와
별을 공손히 맞습니다

노을

하얀 연기를 끄을고

새떼를 날리고

아무도 쳐다보지 않는
거리의 개처럼 죽는
성자처럼,

빗방울과 눈송이와 바람꽃을 품고
지는
노을

집으로 가는 길

처진 눈매에 수줍은 미소로 있다
부모 잃은 아이가 서럽게 운 울음이다

찬바람이 창을 흔들어,
집으로 가는 길에 어머니를 보려고 큰 슬픔에 젖는다는 것을

그뿐인 어머니!
텅 빈 눈으로 마중하는 긴 밤이 외롭지 않기를

은행나무가 첫눈을 맞으려고 잎을 다 떨구었다

첫눈

아버지 모시고 병원으로 가는 길
언덕배기에 수녀님이 계신다
쓸쓸해서 빨간 잎 꽃분을 사 오신다는
적막해서
하늘은 무량무량 눈으로 오신다

한 송이

바람이 불어
그대가 시리겠다
겨울 어귀 산목련이 진 지는 오래

맑은 눈빛이 뜨는 날엔
뜨락의 빈 그네만이 출렁거린다

큰 스님 작은 스님이 나란히,
나도 나란히 앉아서

연꽃 포개던 날들을 돌아보는 것이다

기별

영 너머 온 바람이 무서워
영을 넘었네
다시 영을 넘어와 바람을 세차게 맞았으니
바람이 하늘의 기별이란 걸 알게 되었네
이만한 친구도 없어서
매일 바람을 들이나니
발밑엔 낙엽이 쌓이고 눈이 내리네

산당山堂 1

당신에게 가는 길에 눈꽃이 날려
섬돌에 벗어 놓은 고무신이 고요를 받습니다

한철 눈 감고 당신에게 가는 길에
그칠 줄 모르는 눈꽃이 날려,

끊긴 길 위의 눈꽃이
햇스님 싸리비질 소리에 쓸리웁니다

산당山堂 2

한 송이 꽃

바람이
꽃잎을 흩날려도

푸른 하늘은
한가롭다

시인 이계열

1966년 강원도 강릉에서 태어났다. 강릉대학교 국어국문학과를 거쳐 숙명여자대학교 대학원 국어국문학과에서 석사 · 박사학위를 받았다. 2002년『불교문예』에 평론이, 2003년『심상』에 시가 당선되어 등단했다. 시집『하늘 바다 꽃』『유리공』과 저서『한국 현대소설의 자아의식 연구』등이 있다.

그 자리에 놓아두자

지은이 | 이계열

펴낸이 | 김재돈

펴낸곳 | 도서출판 시와시학

1판1쇄 | 2015년 4월 10일

출판등록 | 2010년 8월 10일

등록번호 | 제2010-000036호

주소 | 서울 종로구 명륜동1가 42

전화 | 744-0110

FAX | 3672-2674

값 8,000원

ISBN 978-89-94889-85-6 03810